La télé

Pour Nadda

Fancy Joly
6 20 juin 07

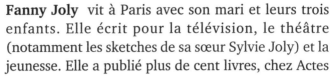

Fanny Joly vit à Paris avec son mari et leurs trois enfants. Elle écrit pour la télévision, le théâtre (notamment les sketches de sa sœur Sylvie Joly) et la jeunesse. Elle a publié plus de cent livres, chez Actes Sud Junior, Bayard, Casterman, Flammarion, Hachette, J'ai Lu Jeunesse, Nathan, Pocket, Thierry Magnier... Elle a remporté de nombreux prix et ses livres sont souvent traduits. Chez Bayard, elle est l'auteur de plus de vingt titres pour tous les âges.

Du même auteur dans Bayard Poche :

Parfaite, la princesse ? (Les belles histoires)

La reine de la récré (Mes premiers J'aime lire)

La charabiole - La ruse de Cunégonde - Les Pâtacolors, j'adore !

Série : *Drôles de contrôles - Drôle de colo - Drôle de cadeau - Les cadeaux du Père Lëno - Le prince congelé* (J'aime lire)

Rosy est né en 1927 en Belgique. Il travaille actuellement à Paris comme illustrateur de magazines pour adultes. Son autre passion : la musique.

Du même illustrateur dans Bayard Poche :

Le pommier canoë (Les belles histoires)

La vieille dame et le fantôme - La nuit des squelettes - L'auto fantôme - Hurlenfer - La bibliothèque ensorcelée (J'aime lire)

Cinquième édition

La télé toquée

Une histoire écrite par Fanny Joly
illustrée par Rosy

BAYARD POCHE

1
Le dévoreur de télé

Léon Supiot avait des yeux ronds, une bouche pleine de dents et des bleus aux genoux. Et surtout, Léon adorait, mais alors vraiment a-do-rait regarder la télévision.

Dès le petit déjeuner, il avalait une solide ration de dessins animés avec son café au lait.

À midi, il déjeunait chez son copain Bruno. Quel régal : la télé était dans la salle à manger ! Du coup, Léon et Bruno engloutissaient une grosse tranche de jeux télévisés.

Et après l'école, à plat ventre sur le canapé, Léon gobait tout ce qui passait : séries, feuilletons, variétés, informations, publicités... Jusqu'à ce qu'il entende les pneus crisser sur les graviers de la cour.

Alerte ! Ses parents étaient de retour ! Aussitôt, il éteignait la télé. Il déployait livres et cahiers et il prenait l'air absorbé.

Quand les parents de Léon rentraient du bureau, ils déclaraient qu'ils étaient « épuisés », « crevés » ou « exténués ». Et souvent, ils étaient les trois à la fois.

Sa mère demandait :

– Léon, tu as fait ton travail ?

– Tu n'as pas trop regardé la télé ? ajoutait son père en s'effondrant sur le canapé.

– Oui, M'man ! Non, P'pa ! répondait Léon.

Pourtant, monsieur Supiot s'apercevait bien que la télé avait chauffé... Mais il était trop « exténué » pour discuter. Il avait juste assez de force pour attraper la télécommande, appuyer sur le bouton et regarder les infos.

2
Écran noir

Un dimanche après-midi, comme tous les dimanches après-midi, Léon et son père étaient installés devant leur télévision. Pendant que monsieur Supiot somnolait gentiment, Léon regardait une présentatrice frisottée annoncer la suite des programmes :

« *Eh bien maintenant, chers téléspectateurs,*
voici le moment que vous attendez tous ! Eh oui,
voici "Les amis du rire !" »

Mais à ce moment-là, la tête de la présentatrice se mit à s'allonger, à se strier, à se gondo-
ler... Léon pouffa :

– Ouaaah ! Qu'est-ce qu'elle est moche, la
fille ! C'est super marrant, cette émission !

La présentatrice tressautait comme un pois-
son pris à l'hameçon.

Et soudain, crraaaccc pscchhhttt, il y eut un
éclair, une fumée âcre, et puis plus rien. Léon
saisit la télécommande. Mais 1, 2, 3, 4, 5, 6 : sur
toutes les chaînes, c'était le même écran noir.

Il réveilla son père, qui alla chercher sa lampe
de poche, son tube de colle, son tournevis...

Ils triturèrent tous les boutons sans résultat.

Léon était consterné*. Il le fut encore plus quand sa mère déclara :

– On la regardait trop, cette télé. Laissons-la comme ça !

Jour après jour, la télé refroidit. Elle resta muette, figée dans son coin. Léon tournait en rond comme un lion dans le salon. Il devenait enragé en lisant, dans le journal, le résumé des émissions fantastiques qu'il était en train de rater ! Souvent, il tripotait les boutons de la télévision... Mais rien, c'était le silence absolu.

* Être consterné, c'est être triste et désolé.

Pour essayer de le consoler, ses parents lui offrirent tout ce que leur conseilla le marchand de jouets : un harmonica, des habits pour son Big Jack, un robot-fusée… Léon remercia et les rangea : ça ne l'intéressait pas.

3
Un fabuleux cadeau

Léon avait un parrain qui s'appelait Alain. Il était électronicien et il habitait la rue d'à côté. À force de voir son filleul errer tristement dans le quartier, Alain finit par s'inquiéter. Il questionna Léon, qui lui raconta sa panne de télé avec des sanglots dans la voix.

Le lendemain soir, on sonna chez Léon. Il entendit son père ouvrir la porte et s'exclamer :

– Tiens, Alain ! Quel bon vent t'amène ?

– J'apporte un cadeau pour ton fiston !

Léon se pencha au-dessus de l'escalier.

Son parrain montait, un paquet à la main. Quelques minutes plus tard, sous le papier glacé, Léon découvrit le plus fabuleux cadeau dont il ait jamais rêvé : une télé !

Elle était belle comme une grande, mais petite, toute petite. Elle était de la taille d'une boîte d'allumettes... avec un vrai écran, une vraie antenne. Et elle marchait !

– Elle te plaît ? demanda Alain.

Léon appuya sur le bouton. Aussitôt, un cow-boy à chapeau jaune apparut, sur fond de ciel bleu, là, dans la main de Léon.

– Rrrooohhh ! Rrrooohhh ! Rrrooohhh ! répétait Léon, émerveillé.

Les parents de Léon étaient nettement moins ravis.

– C'est... c'est... c'est gentil, balbutia sa mère.

15

Et son père ne put s'empêcher d'ajouter :

– C'est-à-dire... que notre télé est en panne...
Mais on n'a pas voulu la faire réparer, parce
que Léon la regardait beaucoup trop...

Sa femme lui donna un coup de coude. Elle
avait peur de vexer Alain. Mais Alain tapa sur
l'épaule de monsieur Supiot en riant :

– Voyons, soyez décontractés ! Laissez Léon
regarder la télé si ça lui plaît !

4
L'idole de la récré

Le lendemain, Léon ne put résister à l'envie d'emporter son fabuleux cadeau à l'école. La mini-télé trouva place dans son cartable, entre la trousse et le cahier de textes.

Les deux premières heures de classe lui parurent une éternité. À la récré, il attira Bruno dans

un coin. Quand Léon sortit l'engin et capta un feuilleton américain, Bruno se mit à sauter en l'air en battant des mains. Du coup, quelques copains curieux s'approchèrent. En découvrant la mini-télé, ils restèrent bouche bée.

Une minute plus tard, vingt copains se bousculaient. À la fin de la récré, tous les élèves de la cour étaient agglutinés autour de la mini-télé. Léon était un peu débordé. Mais, pas peu fier, il répondait aux questions :

– Ça marche sur piles ?

– Tu peux la regarder dans ton bain ?

– T'as toutes les chaînes ?

– Hé, tu me la prêtes ?

La prêter ? Pour rien au monde ! Même pendant la classe, il la cacha sous sa table et il garda une main posée dessus.

Ce jour-là, Léon battit tous ses records : il regarda sa télé dans l'autobus, en se lavant les mains, en faisant ses devoirs...

Il ne l'éteignit qu'au dîner, pour ne pas énerver ses parents. Mais dès qu'il fut seul dans sa chambre, il la ralluma.

Il zigzagua avec délice parmi les pro-

grammes de la soirée : chanteurs de variétés, feuilleton policier, danseuses emplumées, film de gangsters... Que choisir ? Il aurait aimé tout regarder...

Mais soudain, dans le film, au moment où le flic réclamait l'argent au bandit, il entendit : « *Rrrooomm pisshh ! Rrrooomm pisshh !* »

Il s'approcha de l'écran. Les lèvres du flic bougeaient, mais, au lieu d'entendre ce qu'il disait, on entendait seulement un ronflement.

Il changea de chaîne : ça ronflait toujours.

– Ça alors, c'est drôlement bizarre ! C'est peut-être dehors, se dit Léon.

Il coupa le son. On n'entendait plus que le silence de la rue à minuit. Il remit le son. Et là, la voix ronfleuse lui dit : « *Rrrooomm pisshh ! Tu ferais mieux de dormir à cette heure-ci.* »

Au même instant, sur l'écran, il vit sa tête, le nez aplati contre la vitre ! Il fit un bond. Puis, de peur de voir réapparaître cette affreuse vision, il éteignit tout et s'endormit.

5
Quel programme !

Le lendemain, c'était mercredi. En se réveillant, Léon se souvint d'un drôle de film de gangsters ronfleurs. Il se dit qu'il avait dû faire un cauchemar, et il chercha des yeux sa petite télé. Elle était là, adorable, sur la table.

Dès que ses parents furent partis, il s'installa,

muni d'une provision de sucettes et d'un sac géant de cacahuètes...

Tout allait bien. Il zappait* doucement. Sur la 2, des amoureux se bécotaient :

– Je vous aime, Betty !

– Je vous aime, Gontran !

Rien d'extraordinaire, jusqu'au moment où l'amoureux zozota : « *Ze ze vous aime, ma ma Betty, mais ze préfère ma télé. Pa parce que, elle, elle a six six programmes alors que vous, vous n'en avez qu'un.* »

* Zapper, c'est passer d'une chaîne à l'autre

– Qu'est-ce qui leur prend, à ces deux-là !
s'étonna Léon.

Il passa sur la 3. Chic ! C'était la célèbre chanteuse Mimi Desclous Elle se trémoussait en chantant son dernier succès : « *Chéri-bonheur, chéri de mon cœur, avec toi, je fais des scoubidous, on court partout, on rit comme des p'tits fous, et on a même un canari, c'est le bonheur, chéri, chéri.* »

Léon connaissait les paroles par cœur. Il frétillait et chantait en même temps que Mimi, quand soudain elle se mit à prendre une voix d'homme, et elle chanta : « *Télé-horreur, télé de malheur, avec toi on devient bête comme un chou, on reste assis, plantés comme des clous, tu*

nous manges toute notre vie, télé-horreur, pour-
rie, pourrie... »

– Mais c'est pas vrai, ils sont mabouls ce matin ! s'écria Léon, scandalisé.

Il éteignit et il réfléchit :

– Est-ce que c'est juste ma télé ? Ou est-ce que toutes les télés sont comme ça ?

Il prit son fabuleux cadeau. Et il partit chez son copain Bruno.

6
La télé ensorcelée

Bruno était seul chez lui. Il regardait la télé.
Il fut ravi de voir arriver Léon et sa petite merveille :

– Super ! Tu l'as apportée !

– Tais-toi, je crois qu'elle est ensorcelée !

Ils l'allumèrent. C'était le début de la météo.

La présentatrice apparut, souriante, comme d'habitude. Elle inclina un peu la tête, mais pas trop. Elle toucha un peu son collier, juste comme il faut... Vite, Bruno mit sa grande télévision sur la même chaîne.

Sur les deux postes, la même voix retentit :

« *Eh bien, c'est un beau soleil qui brille aujourd'hui sur l'ensemble du pays. Regardons les images satellite...* »

Léon commençait à se sentir soulagé, lorsque tout à coup, dans sa petite télé, une voix

d'homme interrompit la présentatrice : « *Et avec ce beau soleil, vous restez devant la télé ? Alors que vous pourriez courir, vous amuser...* »

Léon gémit :

– Oh non ! Pitié ! Ça recommence !

Bruno, stupéfait, écoutait : « *Vous pourriez jouer de la musique, fabriquer une sarbacane, construire une cabane...* »

Léon avait envie de pleurer. Bruno, lui, eut envie de comprendre. Il courut chercher la boîte à outils de son papa. Il était bricoleur.

Il dévissa les vis, démonta le haut-parleur.

La petite télé déraillait toujours : « *Vous pourriez aller à la piscine, élever des têtards, inviter des copains, des copines...* »

Bruno débobina des bobines, il dessouda des soudures, il débrancha des branchements. En quelques minutes, la petite merveille gisait en morceaux sur la table du salon.

La voix continuait : « *Ramasser des champi-gnons, chasser les papillons...* »

Bruno se grattait le menton :

– C'est bizarre, on dirait qu'un circuit élec-trique a été rajouté, qu'une connexion* a été

* C'est une liaison qui sert à faire passer l'électricité dans un appareil électrique.

bricolée. Elle vient de quel magasin, ta télé ?

– Je sais pas. C'est mon parrain Alain qui me l'a donnée...

– Attends, je la remonte en vitesse. Et on y va, chez ton parrain !

7
Téléguidage

Quelques instants plus tard, les deux amis marchaient dans la rue. Léon portait la télé, qui continuait à parler : « *Vous pourriez apprendre le javanais, faire des galipettes...*

Quand ils arrivèrent devant la maison d'Alain, ils trouvèrent la grille fermée.

Ils sonnèrent, mais en vain. Découragés, ils s'assirent sur un muret.

Et là, la télé se mit à leur parler, comme si elle les connaissait : « *Pssstt ! Léon ! Bruno ! Vous croyez que c'est en restant assis comme deux idiots que vous allez découvrir la clé du mystère ? Allez, debout !* »

Bruno secoua la télé et il colla son oreille dessus. Léon, lui, n'était pas rassuré :

– Arrête de la secouer comme ça ! Je te dis qu'elle est ensorcelée !

Bruno était déjà debout, prêt à foncer. Léon, lui, avait les jambes qui tremblaient :

– Holà, doucement...

Bruno se retourna en rigolant :

– Ben, Léon, t'as la trouille, mon vieux ?

– Non, mais écoute, cette télé, on s'en fiche après tout. On n'a qu'à la jeter et on n'en parle plus...

La télé se mit à hurler : « *Non, mais ça va pas, la tête ? Pas question de me mettre à la poubelle ! Bruno, tu marches en premier ! Et toi, Léon, t'as intérêt à suivre !* »

Ils commencèrent à avancer, la télé les guidait : « *À droite : rue des Marronniers. En face de la statue : traversez ! Personne ne bouge : on attend le feu rouge !* »

Les passants les regardaient d'un drôle d'air.
Quand quelqu'un s'approchait d'un peu trop
près, la télé criait : « *Ne soyez pas effrayé, ça ne
va pas vous exploser au nez !* »

Enfin, ils arrivèrent devant une vitrine où
une cinquantaine de télévisions étaient empi-
lées, toutes allumées.

La télé dit : « *On est arrivés… * »

Et elle partit d'un immense fou rire : « *Hhhaaa
haa hhhooo hhhooo… * »

Au même instant le rire de la télé se dédoubla, comme en écho : Alain était à la fenêtre, un micro à la main.

Léon et Bruno s'arrêtèrent net.

– Alors, elle te plaît, la petite télé ? murmura Alain dans son micro.

Et la télé de Léon répéta : « *Alors, elle te plaît, la petite télé ?* »

Ils entrèrent et montèrent. Alain les accueillit
au milieu d'un studio. Il y avait partout des
câbles, des antennes, des micros. Il y avait partout des écrans allumés.

Bruno parla le premier :

– Vous l'avez rudement bricolée, la petite
télé ! C'est vous qui avez rajouté des circuits
électriques, installé une caméra et un micro ?

Alain était stupéfait :

– Dis donc, tu as tout compris, toi !

En disant cela, Alain appuya sur un bouton
et la petite télé se mit à barrir comme un élé-
phant.

Léon sursauta :

– Mais alors, les voix, c'était toi ?

– Bien sûr ! Les ronflements, les amoureux, Mimi Desclous, la météo, tout ça, c'était moi.

– Mais pourquoi tu m'as fait ça ?

– Pourquoi ? Parce que je voulais te montrer que la télé c'est encore plus amusant quand c'est toi qui la fais ! Si ça vous dit, vous pouvez venir ici le mercredi, faire de la télé avec moi. Je vous apprendrai. Surtout que Bruno a l'air plutôt doué en bricolage électronique !

Bien sûr, Léon et Bruno ont accepté l'invitation. Tous les mercredi, ils retrouvent Alain

dans son studio. Puis ils sortent pour faire des enquêtes, des reportages, ils filment plein d'images dans le quartier. Ils ont même fabriqué une émission en entier. Elle s'appelle : « La télé toquée », elle passe désormais chaque semaine. Tous les gens du quartier qui l'ont vue l'ont adorée. Et les parents de Léon, depuis qu'ils ont acheté une nouvelle télé, ne la ratent jamais.

J'AIME LIRE

Les premiers romans à dévorer tout seul

 Se faire peur et frissonner de plaisir **Rire et sourire avec**

des personnages insolites **Réfléchir et comprendre la vie de**

tous les jours **Se lancer dans des aventures pleines de**

rebondissements **Rêver et voyager dans des univers fabuleux**

Le drôle de magazine
qui donne le goût de lire

- un roman inédit illustré
- des jeux pour s'amuser et être créatif
- la célèbre BD de Tom-Tom et Nana et bien d'autres surprises !

Disponible tous les mois chez votre marchand de journaux ou par abonnement.

Plonge-toi dans les aventures de Zélina,
la princesse espiègle du royaume de Noordévie.

Découvre les plans
diaboliques de sa
belle-mère qui voudrait
l'écarter du trône...
et fais la connaissance
du beau prince Malik,
un précieux allié
pour Zélina.

**Retrouve Zélina
dans *Astrapi*,
le grand rendez-vous
des 7-11 ans.**

Tous les 15 jours chez
ton marchand de journaux
ou par abonnement.

Dans le manoir de Mortelune vit une bande de monstres affreux, méchants et bagarreurs : tu vas les adorer !

Retrouve les héros de Maudit Manoir dans le magazine *Astrapi.*

Achevé d'imprimer en juin 2003 par Oberthur Graphique
35 000 RENNES – N° Impression : 5093
Imprimé en France